Premières rencontres
avec
Jésus

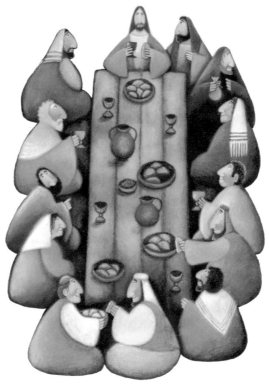

Texte d'Antonio Tarzia
Illustrations de Giuliano Ferri
Adaptation en français
de Marie-Hélène Delval

CENTURION / **ep** ÉDITIONS PAULINES

ISBN 2.227.61083.2 (Centurion)
ISBN 2-89420-215-6 (Éditions Paulines)

© Édition française: 1994 Centurion
                          22, cours Albert-Ier, 75008 Paris

                          Éditions Paulines
                          3965, boul. Henri-Bourassa Est
                          Montréal, QC, H1H 1L1

Préface

Quand on parle de rencontres, on pense plutôt à l'école, aux voyages, aux vacances. On évoque des visages, des rires, des voix, des moments vécus ensemble. Mais des rencontres avec Jésus ? Bien sûr, Jésus, on le connaît déjà un peu. On a lu ou entendu raconter l'histoire du bébé de la crèche, celle de l'homme qui guérissait les malades et qui multipliait les pains, celle du crucifié que ses compagnons ont vu ressuscité.

Et un jour, on se sent prêt à le rencontrer dans l'eucharistie, prêt à partager avec d'autres chrétiens le pain et le vin, prêt à entrer dans le mystère de ces paroles : « Ceci est mon corps, ceci est mon sang, mangez et buvez-en tous. »

Dans ce livre on découvre des repères, depuis les premières pages de la Bible jusqu'aux messes d'aujourd'hui, pour approcher tout doucement ce grand mystère et pour se préparer à d'autres rencontres avec Jésus.

Le pain et le vin

Au commencement,
Dieu créa le ciel et la terre.
Et il donna la terre aux hommes
pour qu'ils l'habitent et qu'ils la cultivent.
Labourer la terre, y semer le blé,
récolter la moisson et moudre les grains,
c'est un dur travail.
Planter une vigne, la soigner, la tailler,
récolter les grappes et presser les raisins,
c'est un dur travail.
Mais c'est ainsi, grâce au travail des hommes,
que la terre donne le pain,
que la terre donne le vin.
Peut-on imaginer un repas sans le pain et le vin ?
Le pain est l'image de tout ce qui nourrit.
Et tout homme sur la terre ne devrait-il pas
avoir assez de pain pour manger à sa faim ?

Des offrandes pour Dieu

La Bible est le grand livre
qui raconte l'amour de Dieu
pour les hommes.
On peut y lire l'histoire de Caïn et Abel,
celle de Noé, celle d'Abraham.
Pour remercier Dieu qui leur donnait la terre,
ils lui offraient leurs plus beaux fruits,
la plus belle part de leurs récoltes,
les plus belles bêtes de leurs troupeaux.
Ils offraient à Dieu ce qu'ils avaient de plus précieux.
Abraham voulut même offrir à Dieu
son fils Isaac, son unique enfant.
Mais l'ange de Dieu dit à Abraham :
– Ne fais pas de mal à ton fils,
car Dieu ne veut pas de sacrifice de sang !
La Bible raconte aussi la belle histoire
de Melchisédech, roi de Jérusalem.
À Abraham qui revenait victorieux de la guerre
le roi Melchisédech offrit tout simplement
du pain et du vin, en signe de bénédiction.

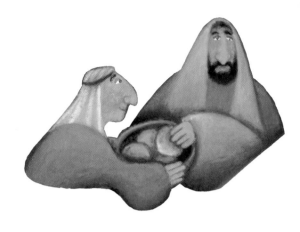

L'enfant qui avait cinq pains et deux poissons

Dans les évangiles on raconte qu'un jour
une grande foule suivit Jésus de l'autre côté du lac.
Le soir venu, les compagnons de Jésus lui dirent :
– Il est tard, et ces gens n'ont rien à manger.
Il y a bien ici un enfant
qui a cinq pains et deux poissons.
Mais ce n'est rien pour tant de monde !
Jésus ordonna de faire asseoir les gens sur l'herbe.
Il prit les cinq pains et les deux poissons,
il les brisa en morceaux, il dit la bénédiction
et ses compagnons les distribuèrent.
Chacun mangea à sa faim
et l'on ramassa encore douze corbeilles
des morceaux qui restaient.
Ce jour-là, Jésus nourrit les gens avec du pain.
Désormais il nous nourrit de sa vie
dans le pain de l'eucharistie,
celui que l'on partage à la messe,
au moment de la communion.

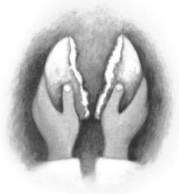

Le dernier repas de Jésus

Jésus était monté à Jérusalem avec ses compagnons
pour célébrer la Pâque, comme chaque année,
en souvenir du jour
où Dieu libéra les Hébreux du pays d'Égypte.
Pendant le repas, Jésus prit du pain,
il le bénit, il le rompit
et le donnant à ses compagnons il dit :
– Prenez, mangez, ceci est mon corps.
Puis il prit une coupe de vin,
il dit la bénédiction,
et il la leur donna en disant :
– Buvez-en tous, ceci est mon sang,
c'est ma vie que je donne
pour que le monde soit sauvé.
Quand nous célébrons la messe aujourd'hui,
quand nous partageons nous aussi le pain et le vin,
nous célébrons l'eucharistie de Jésus,
le sacrement qui nous donne
le pardon et la vie.

Le signe de la croix

Après le repas, Jésus s'en alla au jardin des Oliviers.
C'est là qu'une troupe armée d'épées et de bâtons
vint l'arrêter.
Et le lendemain, Jésus fut mis en croix
sur la colline du Golgotha.
Marie, sa mère, et Jean,
le plus jeune de ses compagnons,
étaient au pied de la croix.
Plus tard, Jean écrira dans son évangile
les mots que Jésus avait dit la veille de sa mort :
« Je suis le pain de vie.
Celui qui mange de ce pain vivra pour l'éternité.
Celui qui mange ma chair et boit mon sang
demeure en moi, et moi, je demeure en lui. »
Ainsi, à chacune de nos messes,
nous célébrons la Pâque de Jésus,
mort et ressuscité
pour nous donner à tous la vie.

Un voyageur sur la route

Jésus était mort, et devant l'entrée du tombeau
on avait roulé une pierre. Tout semblait fini.
Le premier jour de la semaine,
deux hommes marchaient sur la route
qui va de Jérusalem au village d'Emmaüs.
Ils parlaient tristement de ce qui était arrivé.
Jésus vint marcher à côté d'eux,
mais ils ne le reconnurent pas.
Jésus leur expliqua pourquoi le Christ, le Messie,
devait venir dans le monde, mourir
et ensuite ressusciter pour entrer dans sa gloire.
Arrivés au village, les deux hommes dirent à Jésus :
– Reste avec nous, car le soir tombe.
Et Jésus entra à l'auberge avec eux.
Quand il fut à table, il prit le pain,
il le bénit, il le rompit et il le leur donna.
Alors leurs yeux s'ouvrirent et ils le reconnurent.
Mais Jésus disparut de devant eux.
C'est saint Luc qui raconte cela dans son évangile
comme un récit de la première messe
célébrée après la résurrection de Jésus.

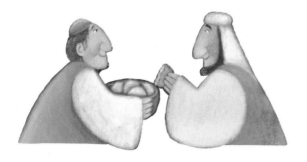

Partager le pain

Après sa résurrection,
Jésus se montra plusieurs fois à ses compagnons.
Un jour qu'ils étaient ensemble au mont des Oliviers,
Jésus leur dit :
– Maintenant, vous irez parler de moi
jusqu'aux extrémités de la terre.
Et sous leurs yeux, il s'éleva vers le ciel.
Les compagnons de Jésus retournèrent à Jérusalem.
Et voici que le jour de la Pentecôte
vint du ciel comme le souffle d'un grand vent.
Des flammes de feu se posèrent
au-dessus de chacun d'eux
et ils furent remplis de l'Esprit saint.
Depuis ce jour, ils se mirent à proclamer partout
les merveilles de Dieu.
Ceux qui les entendaient étaient bouleversés
et beaucoup demandaient le baptême
au nom de Jésus Christ.
Souvent, les nouveaux baptisés se réunissaient
pour écouter les compagnons de Jésus
leur parler de lui.
Ensemble ils priaient, ils partageaient le pain.
Et chaque jour ils étaient plus nombreux
à croire que Jésus, mort et ressuscité,
était bien le fils de Dieu,
le sauveur qu'ils attendaient.

Dans les catacombes

Il y eut un homme de la ville de Tarse appelé Paul.
C'était un juif très croyant qui persécutait les chrétiens.
Un jour, sur la route de Damas,
une vive lumière venue du ciel l'enveloppa.
Il tomba à terre et il entendit une voix :
« Je suis Jésus, celui que tu persécutes ! »
À partir de ce jour, Paul consacra toute sa vie
à annoncer la bonne nouvelle du Royaume de Dieu,
à Jérusalem et dans bien d'autres pays.
Aux chrétiens de partout il rappelait :
– La nuit où il fut livré, le Seigneur prit du pain.
Après avoir rendu grâce, il le rompit et dit :
« Ceci est mon corps, qui est pour vous.
Faites ceci en mémoire de moi. »
Ainsi, toutes les fois que vous mangez ce pain,
vous annoncez la mort du Seigneur
jusqu'à ce qu'il vienne.
Et quand à Rome l'empereur Néron
persécuta les chrétiens,
ceux-ci se rassemblèrent en secret, la nuit,
dans les catacombes, les cimetières souterrains,
pour continuer de partager ensemble le pain et le vin.

Le poisson
qui porte des pains

Dans les catacombes de Rome,
de Naples et d'ailleurs,
dans ces lieux souterrains
où se réunissaient les premières communautés
et où reposent les corps de ceux et celles
qui furent martyrisés à cause de leur foi,
on trouve sur les murs des dessins et des fresques
représentant les symboles de l'eucharistie,
l'agneau et la croix,
les raisins et le calice,
le blé et les pains
dans une corbeille portée par un poisson.
Pour les chrétiens persécutés,
le poisson était un signe secret de reconnaissance,
car, en grec, poisson se dit I C T U S
et les initiales de ce mot signifient :
Jésus Christ fils de Dieu Sauveur !

Le mystère de l'eucharistie

L'eucharistie est un grand mystère.
Ce pain et ce vin que nous partageons à la messe,
comment peuvent-ils être corps et sang du Christ ?
Des hommes ont réfléchi
sur toutes ces choses difficiles à comprendre :
ce sont les théologiens,
ceux qui étudient le mystère de Dieu.
« Théo » est le mot grec qui veut dire Dieu.
Le premier grand théologien fut saint Paul.
Il enseigna aux premiers chrétiens
comment célébrer ce partage du pain et du vin
qui renouvelle la mort et la résurrection de Jésus.
Saint Augustin, un évêque du IVe siècle,
voyait dans le sacrement de l'eucharistie
l'unité de l'Église et de tous les chrétiens
rassemblés en Jésus ressuscité.
Et plus tard, à la fin du Moyen Âge,
saint Thomas d'Aquin expliquera
que si nos yeux voient du pain et du vin,
dans le secret de notre cœur et de notre intelligence
notre foi reconnaît Jésus avec nous.

Un grand concile

Un concile,
c'est une grande assemblée des évêques
réunis autour du pape pour réfléchir :
comment peut-on mieux vivre l'Évangile
dans le monde d'aujourd'hui ?
Le concile appelé Vatican II a commencé à Rome
le 11 octobre 1962, quand Jean XXIII était pape.
Il n'y avait pas eu de concile
depuis presque cent ans !
Des évêques venus de tous les pays
s'y sont retrouvés.
À ce concile,
de grands changements furent décidés
dans la façon de célébrer la messe.
Avant, on célébrait partout en latin.
Maintenant, on emploie la langue de chaque pays
et, comme au temps des premiers chrétiens,
tous les fidèles rassemblés peuvent chanter
et proclamer ensemble leur foi :
« Amen ! Oui, qu'il en soit ainsi ! »

L'assemblée des fidèles

Autrefois,
le prêtre tournait le dos à l'assemblée.
Maintenant, il se tient face à elle
et tous ceux qui assistent à la messe
peuvent vraiment participer
en dialoguant avec le célébrant.
Chacun peut venir proclamer
les deux premières lectures des Saintes Écritures.
Avant la communion,
on donne à son voisin un signe de paix
en l'embrassant ou en lui serrant la main.
C'est une façon de se reconnaître tous
frères et sœurs grâce à Jésus Christ.
Puis l'on reçoit le pain dans la main,
et non plus dans la bouche comme autrefois.
Et l'on peut aussi communier au calice de vin,
faisant ainsi vraiment mémoire des paroles de Jésus :
« Ceci est mon corps, ceci est mon sang,
mangez et buvez-en tous. »

« Je suis avec vous tous les jours »

Chaque fois que nous célébrons ensemble
la mort et la résurrection de Jésus,
nous recevons de lui, mystérieusement,
la grâce qui nous fait vivre.
Ce n'est pas toujours facile d'y croire,
car cela ne nous transforme pas
comme un coup de baguette magique.
À la messe, on nous parle de pardon,
et nous ne nous sentons pas toujours
capables de pardonner.
On nous parle de joie, et parfois nous sommes tristes
ou tout simplement nous nous ennuyons.
Pourtant, elle nous est promise, cette joie,
comme un don de Dieu à ceux et à celles
qui font de leur mieux pour aimer,
pour écouter, pour partager.
Et quand nous avons mangé le pain et bu le vin,
communié au corps et au sang du Christ,
nous pouvons mieux que jamais croire
aux paroles de Jésus avant son ascension dans le ciel :
« Et moi, je suis avec vous tous les jours
jusqu'à la fin des temps. »

Table des matières

Dépôt légal : mars 1994
Loi du 16 juillet 1949 sur les publications
destinées à la jeunesse
N° éditeur : 1730
Impression et reliure : Pollina s.a., 85400 Luçon - n° 64844